MÉTHODE
ÉLÉMENTAIRE
DE MUSIQUE
ET
DE PLAIN-CHANT,

A l'usage des Séminaires, Maîtrises de Cathédrales, Écoles primaires, Écoles de Bienfaisance, de Charité, et autres Établissemens d'instruction publics et particuliers;

PAR A. CHORON,

Correspondant de l'Institut de France, etc.

PREMIER CAHIER.

PARIS,

Chez COURCIER, Imprimeur-Libraire pour les Mathématiques et la Musique, quai des Augustins, n° 57.

1811.

AVANT-PROPOS.

On se plaint communément de ce que les Ouvrages élémentaires de Musique sont trop volumineux et trop chers, et de ce qu'ils manquent à la fois de précision et de clarté dans l'exposition des principes fondamentaux, et de graduation dans la difficulté des exercices.

Il suffit de jeter les yeux sur cette Méthode pour voir qu'elle est à l'abri du premier de ces reproches; j'ai fait tout ce qui a dépendu de moi pour la garantir du second. Je m'y suis proposé pour objet essentiel d'initier les Elèves dans l'art de lire la Musique et le Plain-Chant; et j'ai exposé des principes constitutifs de l'Art, ce que j'ai cru nécessaire pour arriver à ce but. Quels qu'aient été mes efforts pour être intelligible, je n'ai point eu la prétention de faire un livre que les enfans pussent comprendre par eux-mêmes, ce que je crois impossible, mais un livre que les Maîtres jugeassent propre à être mis entre les mains des Elèves, et à servir de thème à des explications.

En cherchant à donner à la théorie et à la langue musicale plus d'exactitude et de justesse, j'ai été amené à de nouveaux théorèmes, tels que la constitution d'un mode mixte, et je me suis vu forcé d'employer quelques nouvelles dénominations. Ces tentatives ont obtenu l'assentiment de nos plus savans théoriciens et professeurs; je desire que le Public confirme leur jugement. Du reste, les choses sont disposées de manière à ce que les Maîtres, qui rejetteraient tout ou partie des nouveautés que je propose, puissent encore se servir de cette Méthode, en y faisant les modifications qu'ils jugeraient convenables.

NOTIONS PRÉLIMINAIRES.

La Musique est l'art des sons.

Le son est une sensation que nous éprouvons par l'organe de l'ouie.

Il y en a plusieurs espèces, savoir : le *bruit*, le *cri*, le *son oratoire*, c'est-à-dire celui de la voix parlante, et le *son musical* ou *son* proprement dit, c'est-à-dire celui de la voix chantante et des instrumens : c'est le seul dont il soit question ici.

Le son est susceptible de quatre modifications :

1° Celle de l'aigu au grave, que l'on appelle *ton ;*

2° Celle du bref au long, que l'on nomme *durée ;*

3° Celle du fort au faible, que l'on appelle *intensité ;*

4° Celle de l'aigre au doux, du sourd au brillant, etc., que l'on nomme *timbre :* nous désignons cette dernière et la précédente sous le nom de *caractère*.

Cette petite Méthode sera divisée en trois parties ; dans la première nous parlerons des tons ; dans la seconde, de la durée ; dans la troisième nous parlerons du caractère, et nous complèterons, s'il y a lieu, les notions relatives aux deux premières.

MÉTHODE ÉLÉMENTAIRE
DE MUSIQUE
ET DE PLAIN-CHANT.

PREMIÈRE PARTIE.

DES TONS.

1°. *Tons primitifs ; leur échelle, leurs rapports.*

Il y a dans la Musique des tons primitifs auxquels on comparé tous les autres : en voici les noms et l'échelle.

		Ta		
		uT		
		c		
Ba	*Si* b		b *Si*	*Ba*
La	*La* a		a *La*	*La*
Sa	*Sol* G		G *Sol*	*Sa*
Fa	*Fa* F		F *Fa*	*Fa*
Ma	*Mi* E		E *Mi*	*Ma*
Ra	*Ré* D		D *Ré*	*Ra*
Ta	*uT* C		C *uT*	*Ta*

Nota. Il faut apprendre à l'Elève à chanter et à nommer cette Echelle en montant et en descendant : on lui enseignera d'abord un ton, puis deux, puis trois, etc., jusqu'à ce qu'il la sache parfaitement.

Il faut l'exercer en même temps à donner de beaux sons, et à faire les notes de valeur bien égale.

En continuant cette échelle au-dessus et au-dessous, on formerait de chaque côté une disposition semblable. On a donné à l'échelle des tons primitifs compris dans toute l'étendue des voix, qui est environ triple de celle-ci, le nom de *Gamme*, parce que le ton le plus bas de cette échelle était désigné par Γ, qui est le g grec, appelé par eux *gamma*.

Les tons de l'échelle ne sont pas également distans les uns des autres. Si l'on prend une corde de neuf pouces qui rende le ton *Ta* (*ut*), et que l'on veuille en tirer le ton *Ra* (*ré*), il faudra la raccourcir d'un pouce. De même, si l'on a une corde de neuf pouces qui rende le ton *Ra* (*ré*), et que l'on veuille en tirer le ton *Ma* (*mi*), il faut aussi la raccourcir d'un pouce. La distance de *Ta* (*ut*) à *Ra* (*ré*) est donc la même que celle de *Ra* (*ré*) à *Ma* (*mi*) : on la nomme ordinairement *Ton*: mais comme ce mot est déjà employé pour signifier le degré d'élévation du son, nous la nommerons *Diaton*. A présent, si l'on a une corde de neuf pouces qui rende le ton *Ma* (*mi*), et que l'on veuille en tirer le ton *Fa*, il suffit de raccourcir la corde d'un peu moins d'un demi-pouce; on voit donc que la distance de *Ma* (*mi*) à *Fa* est un peu moindre que la moitié de celle de *Ta* (*ut*) à *Ra* (*ré*) et de *Ra* (*ré*) à *Ma* (*mi*) : on l'a nommée *demi-ton*: cette dénomination n'étant pas exacte, nous appellerons cette distance *Chrôme*; et celui-ci sera le *Chrôme mineur*, parce qu'il est moindre que la moitié d'un diaton.

En continuant ces observations sur le reste de l'Echelle, on a reconnu qu'elle procédait comme il suit :

Diaton.	Diaton.	Chrôme.	Diaton.	Diaton.	Diaton.	Chrôme.	
Ta	*Ra*	*Ma*	*Fa*	*Sa*	*La*	*Ba*	*Ta.*
uT	*Ré*	*Mi*	*Fa*	*Sol*	*La*	*Si*	*uT.*

2°. *De la Portée et des Clefs.*

Pour représenter les tons, on tire, l'une au-dessus de l'autre, plusieurs lignes parallèles, c'est-à-dire toujours également distantes l'une de l'autre. L'assemblage de ces lignes se nomme *Portée* : on l'appelle ainsi, parce qu'elle suffit pour écrire tous les tons dont se compose la portée ou étendue d'une voix ordinaire.

La Portée du Plain-Chant n'a que quatre lignes.

Celle de la Musique en a cinq.

La Portée est composée de lignes et d'espaces : l'espace est le blanc ou vide qui se trouve entre deux lignes.

La ligne et les espaces se comptent de bas en haut : ainsi la ligne d'en bas est la première, celle au-dessus la deuxième, etc., et de même pour les espaces.

Chaque ligne et chaque espace donnent ce que l'on appelle *une position* : le *degré* est la différence d'une position à celle qui la suit immédiatement : on confond quelquefois le degré avec la position.

En tête de la portée, on place sur une des lignes un

caractère ou signe qui indique le ton qui répond à cette ligne : ce caractère ou signe s'appelle *Clef*. Autrefois il y avait autant de Clefs que de lettres ; aujourd'hui on ne se sert plus que de trois clefs, savoir :

1°. La clef de *Sa*, autrement appelée clef de *sol*, clef de G *ré sol*, ou simplement clef de G : c'est l'ancienne lettre *G*.

2°. La clef de *Ta*, autrement appelée clef d'*ut*, clef de C *sol ut*, ou simplement clef de C : c'est l'ancienne lettre *C*. Les deux premières figures de cette clef servent pour la Musique, la troisième sert pour le Plain-Chant.

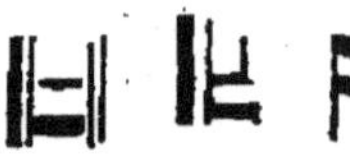

3°. La clef de *Fa*, autrement dite clef de F *ut fa*, ou simplement clef de F : c'est l'ancienne lettre *F*. La première figure sert pour la Musique, la seconde pour le Plain-Chant.

La clef de *Sa* (*sol*) se place sur la première et la deuxième ligne : cette dernière position est la seule usitée aujourd'hui. La ligne sur laquelle la clef est posée doit traverser les deux ronds opposés qui sont au milieu de la clef, et qui en forment le corps. Cette clef ne sert que pour la Musique.

La clef de *Ta* (*ut*) se place sur la première, la deuxième, la troisième et la quatrième ligne ; celle sur laquelle elle est posée doit passer entre les deux lignes transversales qui sont au milieu de cette clef. Les quatre premiers exemples servent pour la Musique, les quatre autres pour le Plain-Chant.

La clef de *fa*, en Musique, se place sur la troisième et la quatrième ligne: celle où elle est posée passe entre les deux points qui sont en avant de cette clef. Dans le Plain-Chant elle se pose sur la troisième ligne, qui traverse les deux barres en avant de cette clef.

Pour faire connaître le rapport des clefs entre elles, nous traçons ici une portée de onze lignes, qui, dans un ensemble de vingt-deux positions, comprend l'étendue ordinaire des voix d'homme et de femme, avec les lettres qui répondent à chacune de ces positions.

Cela posé, on voit que la clef de *Ta* (C ou *ut*) occupe le milieu de cette étendue; que la clef de *Sa* (G ou *sol*) est de quatre degrés au-dessus, et celle de *Fa* quatre degrés au-dessous.

La clef étant placée sur la portée, on se sert, pour indiquer les tons, de points de diverses formes, que l'on place sur les diverses positions : ces points sont ce que l'on appelle *notes*.

Pour connaître le nom et le ton d'une note, il faut, à partir de la clef, nommer et chanter toutes les notes intermédiaires jusqu'à ce que l'on arrive à celle dont on veut connaître le nom et le ton : cela s'appelle *décompter*.

Exercice pour la Musique.

Même exercice pour le Plain-Chant.

3°. *Tons intercalaires; Dièze, Bémol, Bécarre.*

Outre les tons primitifs, les seuls dont nous ayions parlé jusqu'à ce moment, il en est d'autres qui se notent sur les mêmes positions, et qui sont les uns plus élevés, les autres plus graves qu'eux.

Pour obtenir le ton *Ra* (*ré*) sur une corde de neuf pouces qui rend le ton *Ta* (*ut*), il faut, comme on l'a vu, la raccourcir d'un pouce. Si on ne la raccourcit que d'environ un demi-pouce, on aura un nouveau ton qui sera entre *Ta* et *Ra*: on pourra, de la même maniére, intercaler de nouveaux tons entre tous les tons de l'échelle qui sont éloignés d'un *diaton*.

Si l'on fait cette opération en montant, il faudra avancer le doigt d'un peu plus d'un demi-pouce, et on obtiendra les tons qui dans l'exemple suivant sont précédés du signe *.

Ce signe * se nomme *dièze;* il indique que la note à laquelle il est appliqué est élevée d'un chrôme majeur; c'est-à-dire de plus de la moitié d'un diaton.

La note diézée tire son nom de la note primitive placée sur le même degré, en changeant en *è* la terminaison *a*; ainsi *Fa dièze* s'appelle *Fè*, etc.

Si l'opération se faisait en descendant, il faudraït

reculer le doigt un peu plus d'un demi-pouce, et l'on aurait les tons qui dans l'exemple suivant sont marqués par les notes précédées du signe ♭.

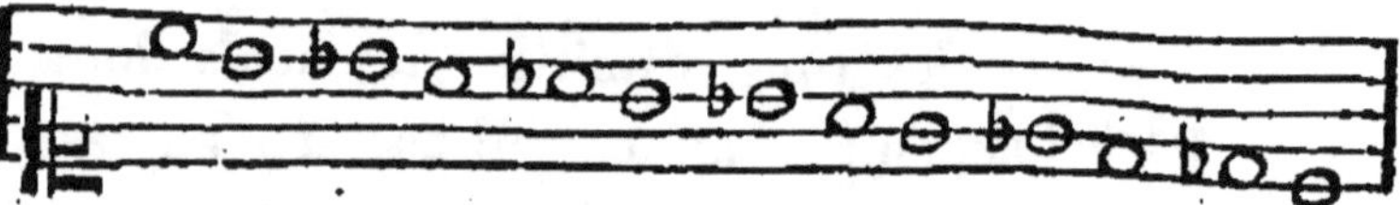

Ce signe se nomme *bémol;* il indique que la note à laquelle il est appliqué est abaissée d'un chrôme majeur.

La note bémolisée prend son nom de celui de la note primitive placée sur le même degré, en changeant en *o* la terminaison *a;* ainsi *La bémol* s'appelle *Lo*, etc.

On voit par ce qui précède, que chaque diaton de l'échelle primitive est partagé, par le dièze et le bémol, en deux chrômes, l'un majeur, l'autre mineur : pour le dièze, le chrôme majeur est en dessous, et pour le bémol, il est en dessus du mineur.

On voit aussi qu'entre tous les tons de l'échelle distans d'un diaton, on peut intercaler un ton dièze et un ton bémol, mais que le dièze se rapproche plus du ton supérieur et le bémol du ton inférieur. Il y a donc entre le ton dièze et le ton bémol qui partagent un même diaton, une petite différence : cette différence est ce que nous nommerons *Enharmone.*

Lorsqu'une note diézée ou bémolisée revient à l'état primitif, on marque ce retour par le signe ♮, que l'on nomme *bécarre.*

Quelquefois une note, après avoir été diézée ou bémolisée, est de nouveau diézée ou bémolisée. Dans le premier cas on emploie le signe × ou ※, que l'on nomme *double dièze*, et dans le second le signe ♭ ou ♭♭, que l'on nomme *double bémol.*

La note diézée deux fois prend la terminaison *i*, et la note bémolisée deux fois la terminaison *u* : ainsi *Fa* double-dièze s'appelle *Fi*, et *La* double-bémol s'appelle *Lu*.

4°. *Des Intervalles.*

Un intervalle est la différence de deux tons.

L'intervalle tire son nom du nombre de positions occupées par les notes qui représentent les tons dont il est formé : ainsi, l'on appelle *uniton* ou *prime* celui dont les deux notes sont sur la même position (Ex. 1); *seconde*, celui qui occupe deux positions (Ex. 2); *tierce*, celui qui en occupe trois; *quarte*, celui qui en occupe quatre; *quinte*, celui qui en occupe cinq; *sixte*, celui qui en occupe six; *septe*, celui qui en occupe sept; *octave*, celui qui en occupe huit; *nône*, *décime*, etc., ceux qui en occupent neuf, dix, etc.

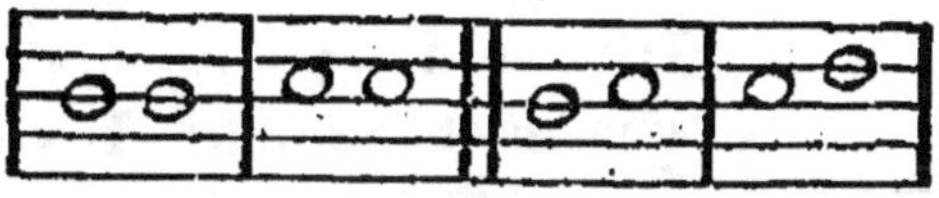

Quant à sa direction, l'intervalle peut être oblique, ascendant ou descendant. L'intervalle est oblique, lorsque ses deux notes sont sur la même position (Ex. 1); il est ascendant, lorsque la deuxième est plus élevée que la première (Ex. 2); descendant, lorsque la deuxième note, au contraire, est plus basse que la première (Ex. 3).

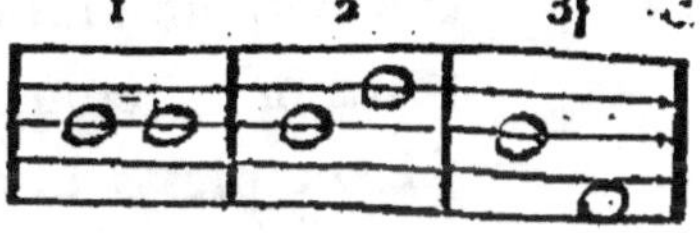

Deux intervalles sont appelés *conjoints*, lorsque le second commence par la note qui termine le premier (Ex. 1); ils sont appelés *disjoints*, lorsque le second commence par une autre note que celle qui termine le premier.

Quant à leur composition, les intervalles sont de trois sortes, *élémentaires*, *simples*, *complexes*.

Les intervalles élémentaires sont ceux dont se forment tous les autres; il y en a trois, savoir, le *diaton*, le *chrôme* et l'*enharmone*.

Les intervalles simples sont ceux qui sont moindres que l'octave; il y en a sept; nous les avons déjà nommés.

Un même intervalle simple peut avoir plusieurs sortes: Il y en a trois qui ont trois sortes, savoir: l'uniton, la quarte et la quinte. Il y en a quatre qui ont quatre sortes, ce sont, la seconde, la tierce, la sixte et la septe. Les intervalles qui ont trois sortes se divisent en *moyens*, *majeurs* et *mineurs*; ceux qui ont quatre sortes se divisent en *majeurs* et *mineurs*, *maximes* et *minimes*; nous allons décrire toutes ces sortes.

I. L'uniton moyen, ou uniton proprement dit, ne comprend aucun intervalle (Ex. 1); l'uniton majeur et l'uniton mineur comprennent l'un et l'autre un chrôme majeur (Exemples 2 et 3).

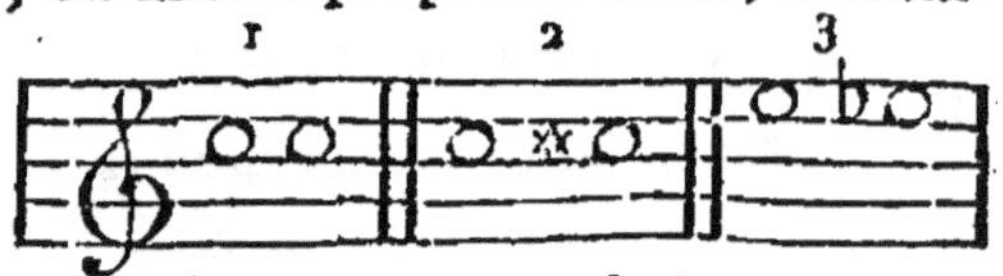

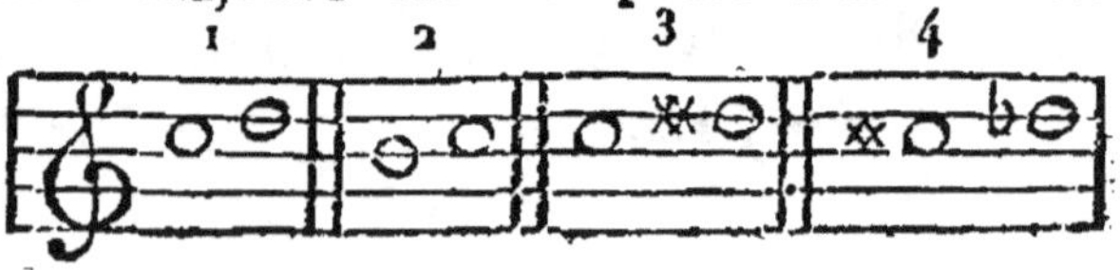

II. La seconde majeure est composée d'un diaton (Ex. 1), la seconde min. d'un chrôme mineur (Ex. 2), la seconde maxime d'un diaton et d'un chrôme majeur (Ex. 3), la seconde minime d'un enharmone (Ex. 4).

III. La tierce majeure comprend deux diatons (Ex. 1); la tierce mineure un diaton et un chrôme (Ex. 2), la tierce maxime deux diatons et un chrôme (Ex. 3), la tierce minime deux chrômes mineurs (Ex. 4).

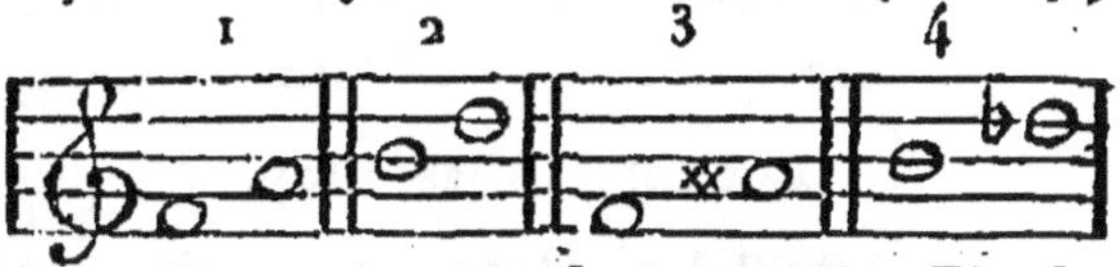

IV. La quarte moyenne, quarte juste, ou simplement quarte, est de deux diatons et un chrôme (Ex. 1); la quarte majeure de trois diatons (Ex. 2), la quarte mineure d'un diaton et deux chrômes (Ex. 3).

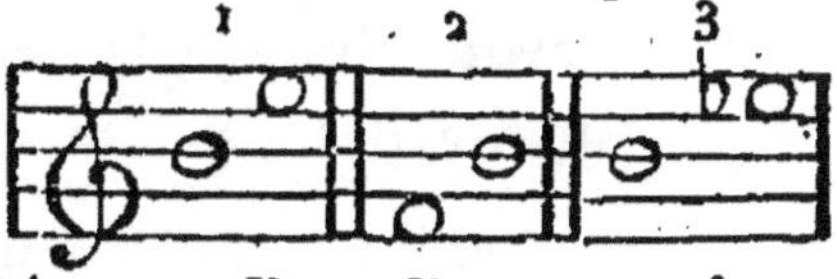

V. La quinte moyenne, quinte juste, ou simplement quinte, est de trois diatons et un chrôme (Ex. 1); la quinte majeure de trois diatons et deux chromes (Ex. 2); la quinte mineure de deux diatons et deux chrômes (Ex. 3).

VI. La sixte majeure est de quatre diatons et un chrôme (Ex. 1), la sixte mineure de trois diatons et deux chrômes (Ex. 2); la sixte maxime de quatre diatons et deux chrômes (Ex. 3); enfin la sixte minime de deux diatons et trois chrômes (Ex. 4).

VII. La septe majeure est de cinq diatons et un chrôme (Ex. 1); la septe mineure de quatre diatons et deux chrômes (Ex. 2); la septe maxime de cinq diatons et deux chrômes (Ex. 3); la septe minime de trois diatons et trois chrômes (Ex. 4).

Les intervalles simples, qui étant pris deux à deux donnent l'octave, sont dits *renversés* l'un de l'autre; ainsi la seconde est le renversement de la septe, et réciproquement (Ex. 1); la tierce l'est de la sixte (Ex. 2), et la quarte de la quinte, et réciproquement (Ex. 3).

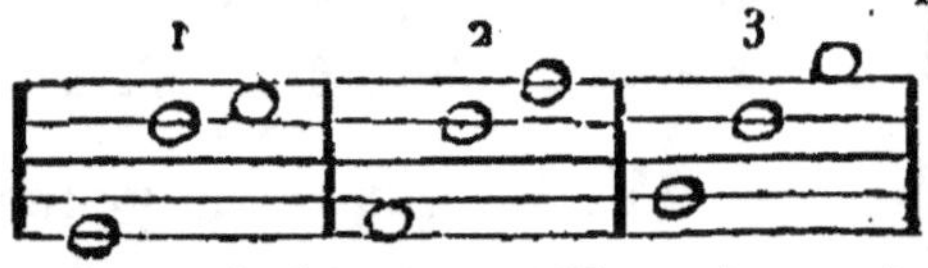

Les intervalles complexes, c'est-à-dire l'octave et ceux qui l'excèdent, sont appelés *doubles*, *triples*, *quadruples*, etc., des intervalles simples, selon qu'ils atteignent la première, la double ou la triple octave; ainsi l'octave est le redoublé de l'uniton, la neuvième de la seconde, la dixième de la tierce, etc.; la double octave ou quinzième est le triple de l'uniton, la seizième de la seconde, etc.; ils ont les mêmes variétés que les intervalles simples auxquels ils répondent.

5°. *Des Genres.*

On distingue trois genres ou manières générales d'employer les intervalles élementaires pour en former la mélodie : ce sont, le genre *diatonique*, le genre *chromatique* et le genre *enharmonique*.

I. Le genre diatonique est celui qui est principalement formé de diatons, et dans lequel les chrômes qui partagent un même diaton ne peuvent être immédiats et de même direction. Une mélodie diatonique se nomme *diatonie :* telle est l'échelle des tons primitifs.

II. Le genre chromatique est celui dans lequel les chrômes qui partagent un même diaton se succèdent immédiatement et dans la même direction. Une mélodie chromatique se nomme *chrômatie.* (*Voyez* l'Exemple.)

III. Le genre enharmonique est celui qui emploie l'enharmone : la mélodie où il est admis se nomme *enharmonie :* on en voit ici l'exemple.

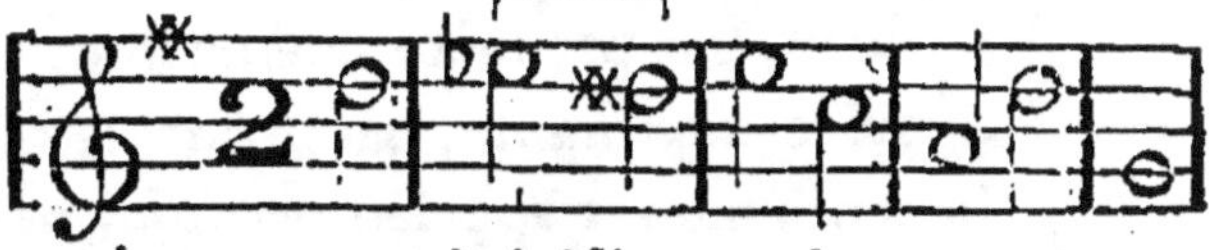

Pour entonner ce trait de chant, il faut prendre la deuxième note avec l'intention de revenir à la première, changer ensuite d'intention sur la troisième, et se diriger vers la quatrième. Dans ce changement, la voix s'élevera d'elle-même ; elle entonnera la troisième, et l'on entendra très-distinctement l'*enharmone* ⌐¬, qui est entre la deuxième et la troisième note.

6°. *Des Modes.*

Toute pièce de Musique tend à se terminer sur un certain ton ; et, dans une pièce bien faite, cette tendance est si forte, que si l'on essaie de substituer un autre ton au ton demandé, la pièce ne paraît pas terminée.

On appelle *être dans un ton* la tendance à se terminer sur ce ton ; ainsi l'on dit qu'une pièce de Musique est en

Fa ou dans le ton de *Fa*, lorsqu'elle tend à se terminer sur *Fa;* qu'elle est dans le ton de *La* ou en *La*, lorsqu'elle tend à se terminer sur *La*.

On appelle *tonique* ou *principale*, la note dans le ton de laquelle est la pièce de Musique.

Tous les autres tons de la pièce ont avec la tonique, et par conséquent entre eux, certains rapports exprimables en intervalles : le mode est l'ensemble de ces rapports.

L'échelle du mode est la série des tons du mode compris dans l'étendue de l'octave, rangés dans l'ordre immédiat. Cette échelle commence par la tonique : elle peut être ascendante ou descendante.

Les tons ou notes de l'échelle se comptent de bas en haut, par première, deuxième, etc.; la cinquième est appelée *dominante*, parce qu'elle revient le plus souvent; la septième est appelée *sensible*, parce que dans les terminaisons, surtout, elle se fait remarquer par la force avec laquelle elle appelle la tonique.

On donne l'épithète de *tonal* aux intervalles formés par la tonique avec chacune des notes de l'échelle : ainsi la seconde tonale est formée par la tonique et la deuxième; la tierce tonale, par la tonique et la troisième, etc.

Le mode est donc le système des intervalles tonals.

Il y a, pour un même ton, deux espèces de modes; 1.° *mode parfait*, c'est-à-dire mode produisant repos parfait; 2° *mode imparfait*, c.-à-d. mode produisant repos imparfait. Le mode parfait a deux sortes : le *mode majeur* et le *mode mineur* : le mode imparfait n'a qu'une seule sorte, le *mode mixte*.

I. Dans le mode majeur, la seconde, la tierce, la sixte

et la septe tonales sont majeures; la quarte et la quinte sont moyennes : ces deux intervalles sont les mêmes dans tous les modes.

L'échelle de ce mode est celle des tons primitifs (*voy*. pag. 1) ; un chant diatonique sera donc dans le mode majeur de *Ta* (*ut*), toutes les fois qu'il tendra à se terminer sur ce ton, et qu'il ne sera composé que des notes de cette échelle.

II. Dans le mode mineur la seconde tonale doit être majeure, la tierce tonale mineure, la sixte tonale doit être mineure en descendant; elle peut être majeure ou mineure en montant. La septe, au contraire, doit être majeure en montant; elle peut être majeure ou mineure en descendant.

L'Echelle générale de ce mode se voit ci-dessous (Ex. 1); mais comme elle est chromatique, on l'a, pour la facilité d'intonation, divisée en deux autres échelles diatoniques, l'une ascendante, l'autre descendante (*voy*. Ex. 2); l'Exemple 3 fait voir les variantes de la sixième et de la septième note. On nomme *cordes mobiles* ces notes dont l'intervalle tonal varie ainsi; *cordes fixes* celles dont l'intervalle tonal est invariable.

III. Dans le mode mixte, la seconde et la sixte tonale doivent être mineures en descendant; elles peuvent être majeures ou mineures en montant. La tierce et la sept doivent être majeures en montant; elles peuvent être majeures ou mineures en descendant.

On voit (Ex. 1) l'échelle générale et chromatique de ce mode; Ex. 2, les échelles diatoniques ascendantes et descendantes; Ex. 3, les variations des cordes mobiles.

1

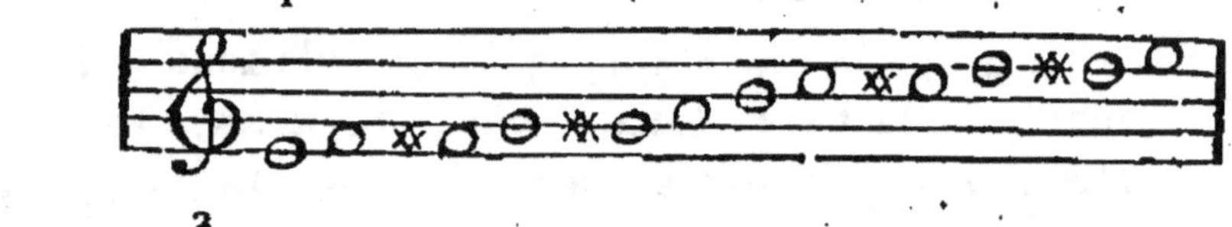

2

3

Dans toute pièce de Musique, il y a un *mode principal*, c'est celui où commence et finit cette pièce; dans son cours, elle passe successivement en d'autres modes, que l'on appelle *modes secondaires*. Cela posé, les modes parfaits, c'est-à-dire le majeur et le mineur, peuvent être principaux ou secondaires; mais le mode imparfait ne peut jamais être qu'un mode secondaire : c'est de cette manière qu'il se pratique sur la dominante du mode mineur, à laquelle il appartient exclusivement.

Ces notions comprises, je vais donner des exercices pour apprendre à entonner les intervalles sur tous les degrés de l'échelle des deux modes parfaits. Quelques-uns de ces exercices sont un peu étendus et un peu difficiles; je laisse à la sagacité du Maître de les modifier selon les moyens et l'intelligence de l'Elève.

EXERCICES D'INTONATION.

MODE MAJEUR.

Première espece de l'Echelle.

MODE MAJEUR.

Deuxième espece de l'Echelle.

Pour la récapitulation de cette espece et de la précédente, voyez page 24. ligne 1 et 2.

MODE MAJEUR.

Troisième espece de l'Echelle.

Pour la récapitulation de cette espece et des précédentes, voyèz page 24 lig. 1 2 3

MODE MAJEUR.

Quatrième espece de l'Echelle.

Pour la récapitulation de cette espece et des précédentes, voyez page 24. lignes 1.2.3.4.

MODE MAJEUR.

Cinquième espece de l'Echelle.

Pour la récapitulation de cette espece et des précédentes, voyez page 24. lignes 1.2.3.4.5.

MODE MAJEUR.

Sixième espece de l'Echelle.

Pour la récapitulation de cette espèce et des précédentes, voyez page 24 lig. 1. 2. 3. 4. 5. 6.

MODE MAJEUR.

Septième espece de l'Echellé.

Pour la récapitulation de cette espece et des précédentes, voyez page 24. lig. 1. 2. 3. 4. 5. 6. 7.

MODE MAJEUR.

Récapitulation des especes de l'Echelle.

On peut transcrire l'Exemple suivant sur toutes les Clefs.

MODE MINEUR

Première espece de l'Echelle.

MODE MINEUR.

Deuxième espece de l'Echelle.

Pour la récapitulation de cette espece et de précédente, voyez page 32. fig. 1 2.

MODE MINEUR.

Troisième espece de l'Echelle.

Pour la récapitulation de cette espece et des précédentes, voyez page 32. lig. 1. 2. 3.

MODE MINEUR.

Quatrième espece de l'Echelle.

Pour la récapitulation de cette espece et des précédentes, voyez page 32. fig. 1.2.3.4.

MODE MINEUR.

Cinquième espece de l'Echelle.

Pour la récapitulation de cette espece et des précédentes, voyez page 32. lig. 1. 2. 3. 4. 5.

MODE MINEUR.

Sixième espece de l'Echelle.

Pour la récapitulation de cette espece et des précédentes, voyez page 32. fig. 1.2.3.4.5.6.

MODE MINEUR.

Septième espece de l'Echelle.

Pour la récapitulation de cette espece et des précédentes, voyez page 32. lig. 1.2.3.4.5.6.7.

MODE MINEUR.

Récapitulation des especes de l'Echelle

On peut transcrire l'exemple suivant sur toutes les autres clefs

DES INTERVALLES SIMPLES.

UNITON. — MODE MAJEUR.

Dans tous les exercices suivants, la 1re note doit être foible et la seconde forte.

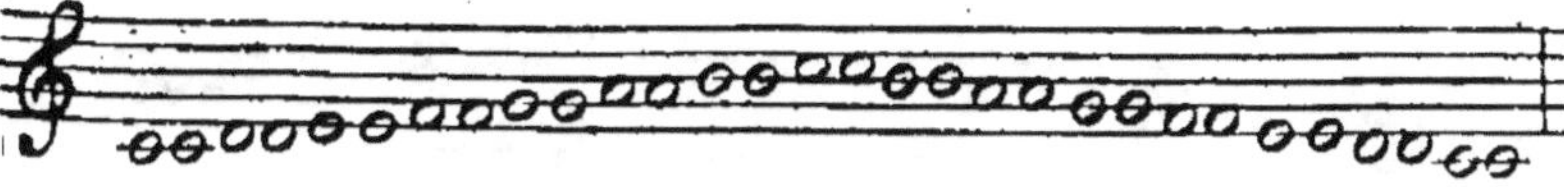

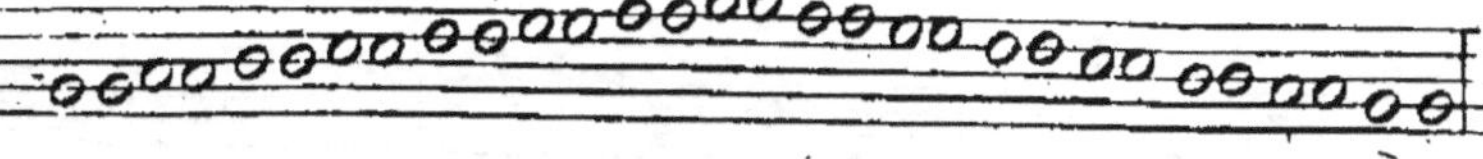

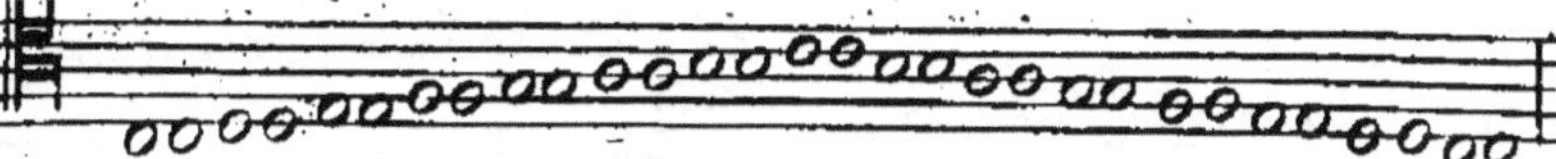

On pourra, en variant les clefs, faire, si on le juge à propos, parcourir toutes les especes sur cet exemple.

UNITON.

MODE MINEUR.

SECONDE

MODE MAJEUR.

SECONDE.

MODE MINEUR.

TIERCE–MODE MAJEUR.

1r. Exercice

Pour apprendre à entonner la Tierce.

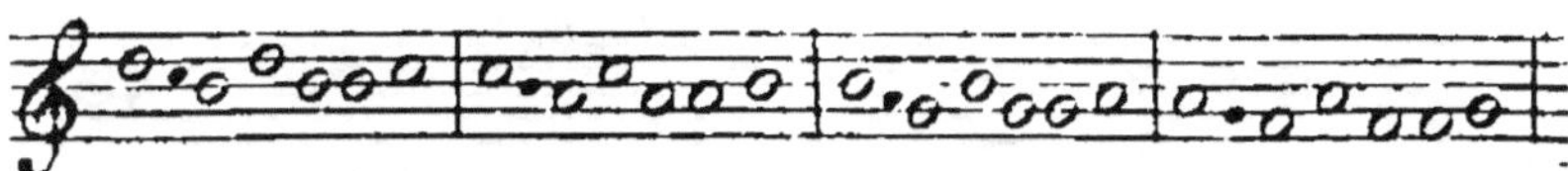

2e. Exercice:

Abrégé du précédent.

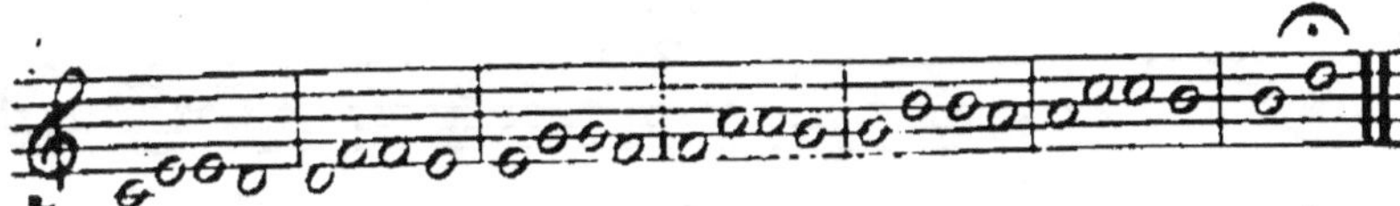

TIERCE-MODE MAJEUR.

3e. Exercice.

Tierce ascendante et descendante, sur toutes les clefs.

TIERCE-MODE MAJEUR.

4e. Exercice.

Récapitulation de la Tierce et de la Seconde.

1^r Exemple.

2e Exemple.

On peut transcrire les exemples ci-dessus sur toutes les clefs.

TIERCE. — MODE MINEUR.

1er. Exercice.

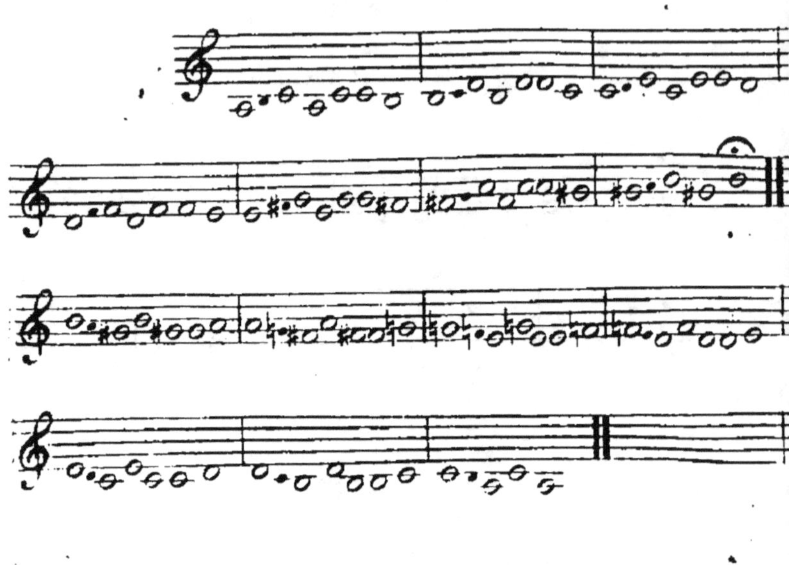

2e. Exercice.

TIERCE—MODE MINEUR.

3e. Exercice.

TIERCE — MODE MINEUR.

4^e. Exercice.

1^e. Exemple.

2^e. Exemple.

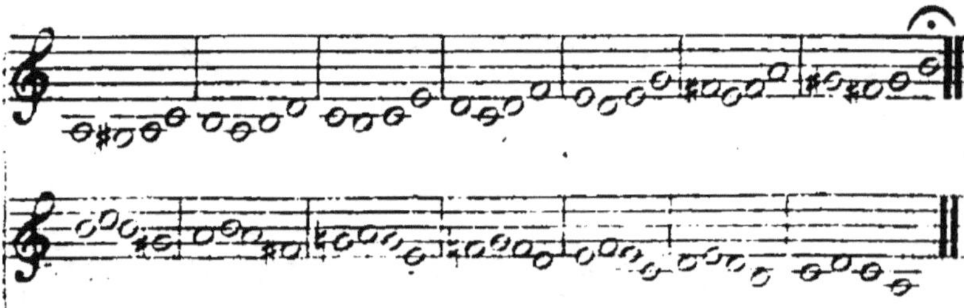

On peut transcrire ces deux exemples sur toutes les clefs.

QUARTE — MODE MAJEUR.

1^r. Exercice.

2^e. Exercice.

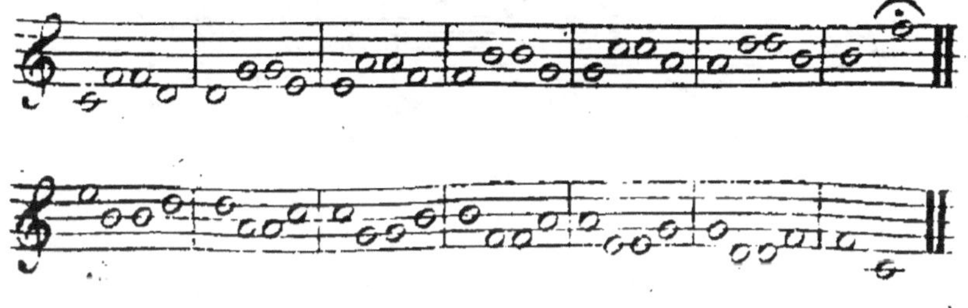

QUARTE — MODE MAJEUR.

3e. Exercice.

QUARTE — MODE MAJEUR.

4e. Exercice.

On peut transcrire cet exercice sur toutes les clefs.

QUARTE — MODE MINEUR.

1r. Exercice.

2e. Exercice.

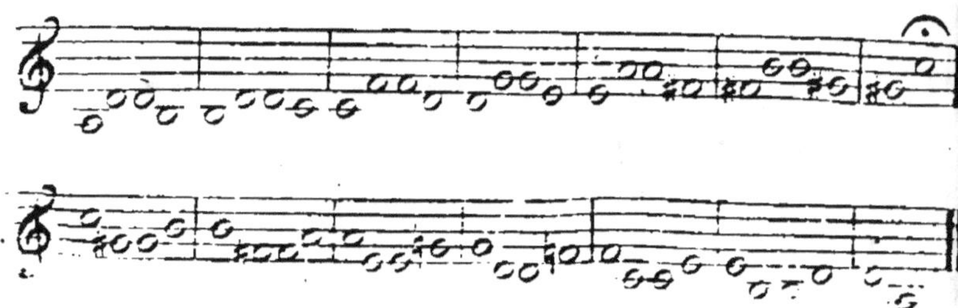

QUARTE MODE MINEUR.

_3^e. Exercice.

⌖ QUARTE—MODE MINEUR.

4e. Exercice.

On peut transcrire cet exercice sur toute les clefs.

⌖ On peut aussi, à la première lecture de ces élémen omettre les exercices marqués de ce signe.

QUINTE—MODE MAJEUR.

1.e Exercice.

2.e Exercice.

QUINTE — MODE MAJEUR.

3e. Exercice.

QUINTE—MODE MAJEUR.

4^e. Exercice.

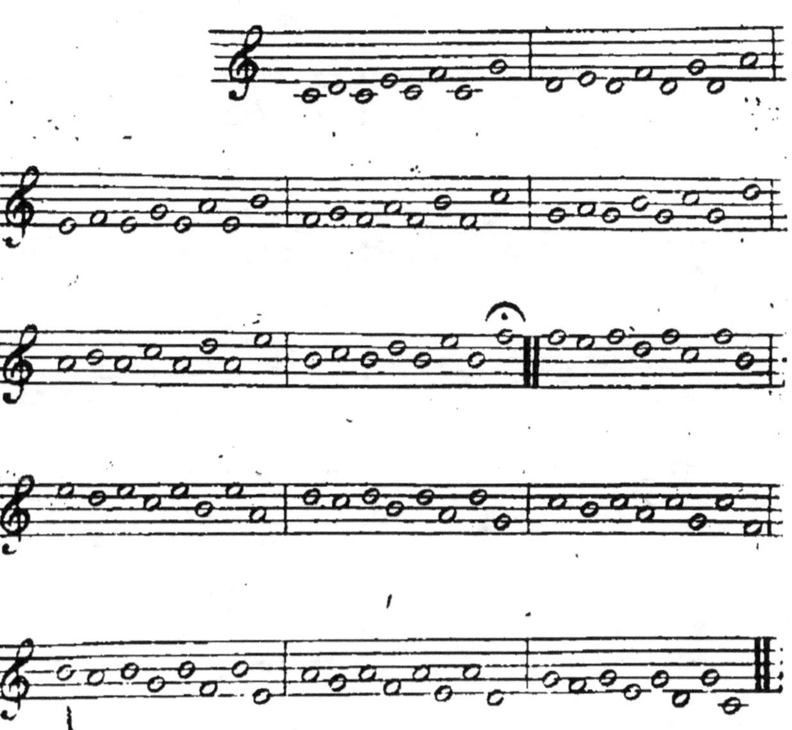

On peut transcrire cet exercice sur toutes les autres clefs.

QUINTE—MODE MINEUR.

1^{e}. Exercice.

2^{e}. Exercice.

QUINTE—MODE MINEUR.

3e. Exercice.

QUINTE—MODE MINEUR.

4e. Exercice.

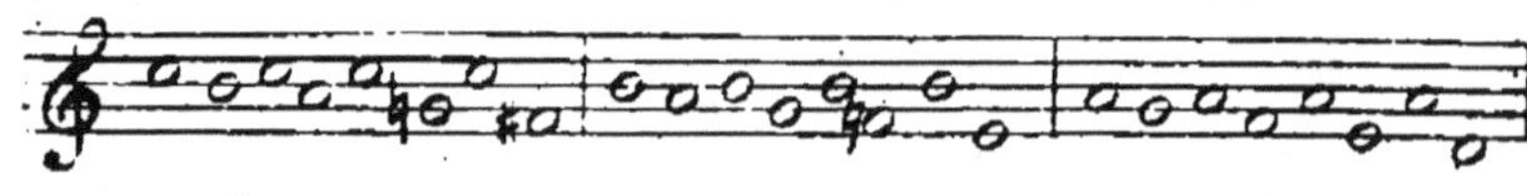

On peut transcrire cet exercice sur toutes les autres clefs.

SIXTE—MODE MAJEUR.

1^e. Exercice.

2^e. Exercice.

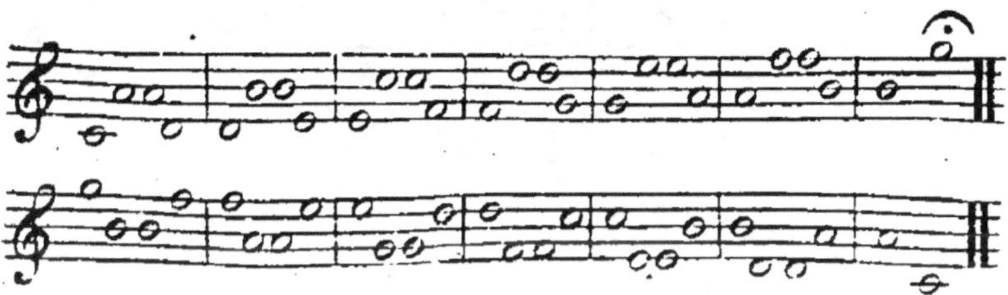

SIXTE — MODE MAJEUR.

3e. Exercice.

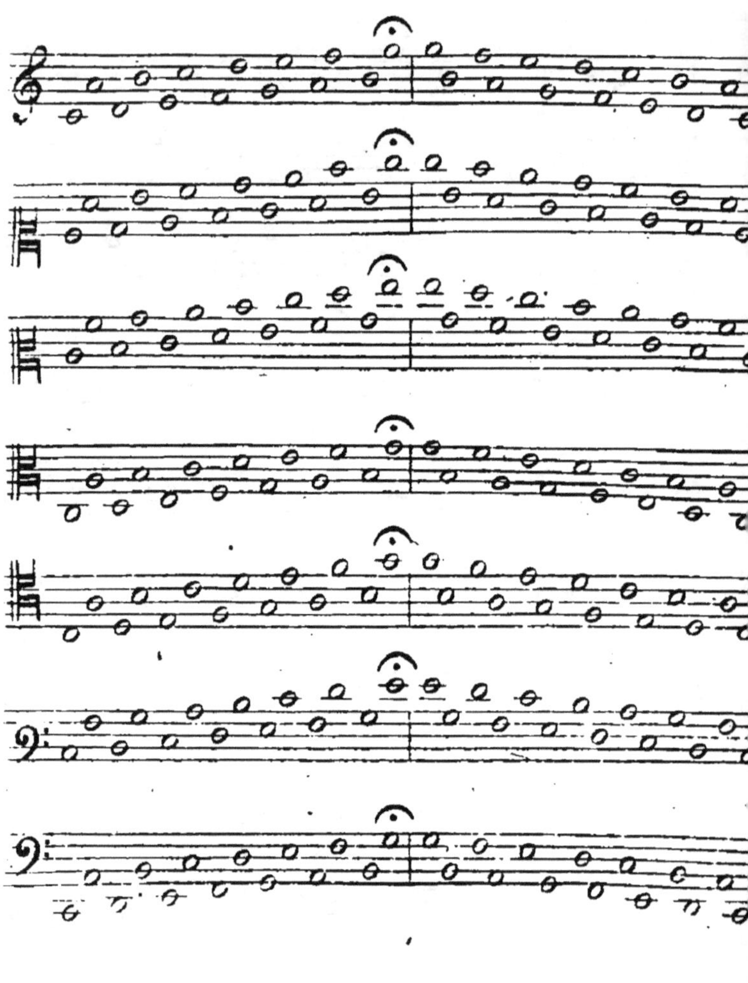

SIXTE — MODE MAJEUR.

4e. Exercice.

SIXTE—MODE MINEUR.

1^e. Exercice.

2^e. Exercice.

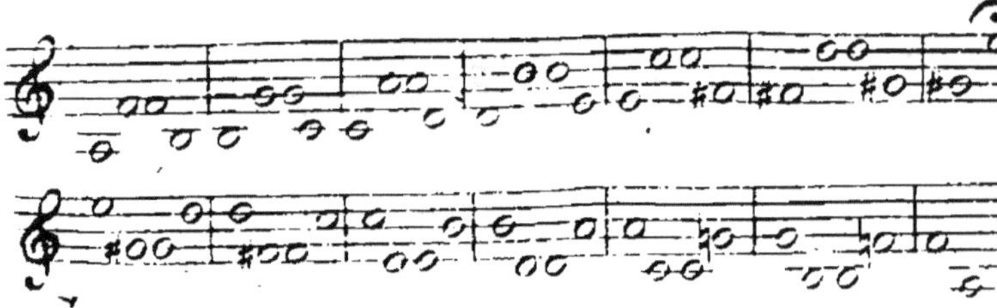

SIXTE—MODE MINEUR.

3e Exercice.

⌖ SIXTE — MODE MINEUR.

4e. Exercice.

SEPTE — MODE MAJEUR.

1r. Exercice.

2e. Exercice.

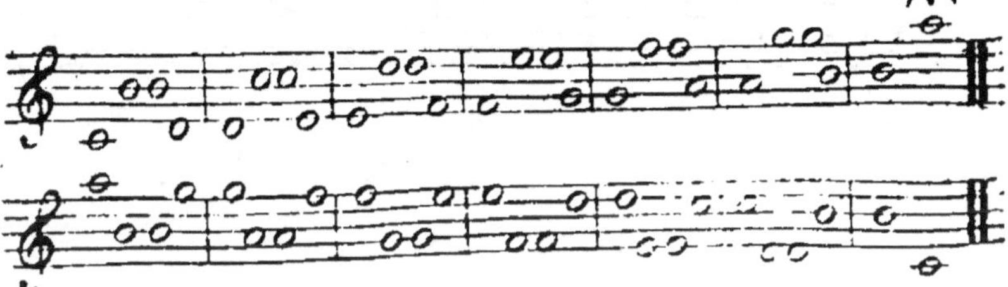

SEPTE-MODE MAJEUR.

3^e Exercice.

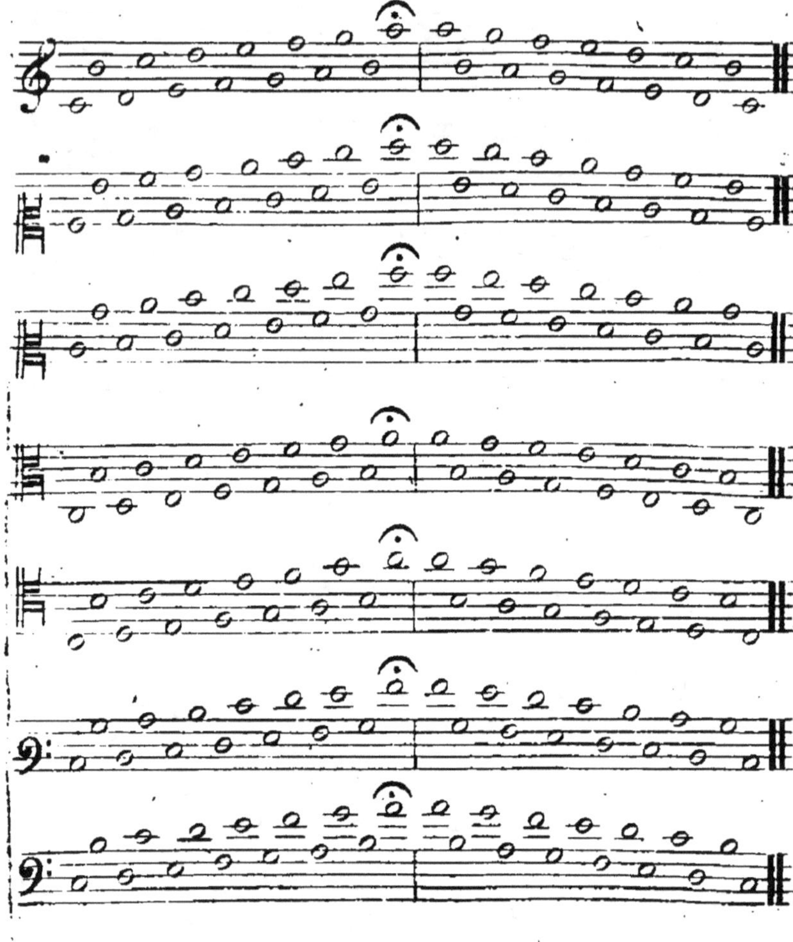

SEPTE — MODE MAJEUR.

4e. Exercice.

SEPTE — MODE MINEUR.

1^r. Exercice.

2^e. Exercice.

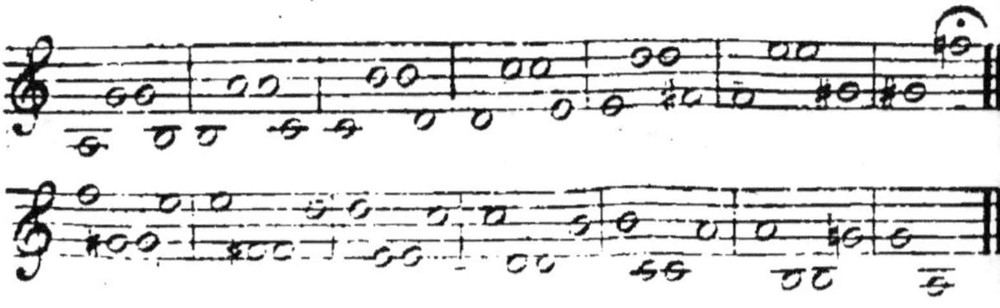

SEPTE — MODE MINEUR.

3e. Exercice.

ϕ SEPTE—MODE MINEUR.

4^e. Exercice.

OCTAVE.

1.er Exercice.

2.e Exercice

OCTAVE.

3e. Exercice.

OCTAVE.

4.e Exercice.

INTERVALLES REDOUBLÉS.

I. NONE.

II. DÉCIME.

III. ONDÉCIME.

IV. DODÉCIME.

www.ingramcontent.com/pod-product-compliance
Lightning Source LLC
LaVergne TN
LVHW020039170826
845678LV00001B/342

* 9 7 8 2 3 2 9 6 9 1 8 3 1 *